Mélodie Nocturne

Mélodie Nocturne

Jean-Claude Caci

Mélodie Nocturne

Poésie

En application de l'art. L.137-2.-I. du code de la propriété intellectuelle, toute reproduction et/ou divulgation de parties de l'oeuvre dépassant le volume prévu par la loi est expressément interdite.

© Jean-Claude Caci, 2024

Édition : BoD • Books on Demand GmbH, In de Tarpen 42, 22848 Norderstedt (Allemagne)
Impression : Libri Plureos GmbH, Friedensallee 273, 22763 Hamburg (Allemagne)

Illustration : CACI J-Claude

ISBN : 978-2-3225-4109-6
Dépôt légal : Août 2024

MELODIE NOCTURNE

Mes mains érigent les montagnes de plaisir
Que ma langue finit par conquérir.
Gémissement sourd et souffle chaud sur mes lèvres.
La cambrure de tes reins attise le feu de la passion,
Invitation indélébile à une symphonie charnelle.

L'aube éphémère
Que contemple mon passé
Illumine le chemin d'un éclair translucide.

La brume de ton absence se dépose sur les boutons de rose.
Nourris des songes de ta présence,
Lentement,
Ils éclosent

Les vagues sombres et tortueuses déferlent sur son cœur
Et l'enferment dans une prison aux murs de miroirs.

Les rêves insouciants peuplent son désir
Et chassent les nuages de pierres
Au-delà de l'horizon de sa timidité.

Je ferme les yeux et observe la brume de félicité
Obscurcir l'horizon de ses rêves.

Je te perds dans la forêt de tes songes.
J'arpente le chemin des rêves,
Mes pieds nus foulants
Le coton délicat de ton étreinte charnelle.

J'aperçois au loin la douce lueur
De ta chapelle onirique,
Ses cloches ronronnent en guise d'adieu au monde.

Les souvenirs éclosent sur mon passage
La forêt se pare de violet et de pourpre
Et le chemin s'éclaire à mesure que le ciel s'alourdit.

La flamme de ton souvenir éclaire mes nuits
Et fais fuir les cauchemars de l'immensité des abysses nocturnes.

Je respire ton sommeil, il a l'odeur du blé.
Vagues dorées étincelantes
Ondulant sous le vent des songes.

Je me sens comme la glace que l'on saupoudre de rayons de soleil
Fragile instant éphémère
Douce sensation de chaleur coupable.

Le temps est un tunnel entre deux mondes.
Le sablier égrène les particules de rêve
Et chaque grain qui tombe fait trembler l'univers.

Les étoiles chantent à l'unisson
La lumière vibre à les entendre.

L'univers entier se fige
Et j'attends que reprenne la course des étoiles.

Chaque respiration est amour.
Elle pénètre l'âme et le nourrit de son air inconsistant.
Tantôt souffle de vie,
Tantôt suffocation.

Mes mots sont buées
Sur mes lèvres.
Fumeroles disparaissant
À la faveur du soleil de la réalité.

L'absence est brouillard,
Couverture opaque
Qui cache les feux de joie,
Et les remplace par des rêves engourdis.

Je te ferai une couronne des rayons de l'aube
Et placerai sur tes épaules la chaleur du printemps,
Pendant que les chants des oiseaux
Feront pleuvoir sur toi la couleur des songes.

Le silence peint en noir la fresque du vivant.

L'absence de mots fait taire
Les échos lointains de l'amour
Et le reflet vacillant de la flamme
Éclaire l'aquarelle de nos souvenirs.

Les volutes dansent et s'enroulent
Autour des ponts de la mémoire chancelante,
Bouées de sauvetage dérisoires.

L'électricité charnelle fait naître le printemps
Au milieu des cendres tièdes de l'amour meurtri.
Les rives sont faites de marbre
Qui s'effritent à chaque pas de la nuit.

Tu es Lumière.

Aveuglant mon regard dans la brume,

Me forçant à baisser les yeux pour distinguer le tapis d'ombres

Qui guide mes pas.

Mes doigts dans tes cheveux jouent le prélude à la symphonie des corps,
L'harmonie des âmes improvise la partition qui se joue.

Le souffle du désir nous pousse vers le précipice des plaisirs.
Pris dans les flots impétueux, le salut est impossible
La seule solution est de se laisser porter et affronter la chute.
Inévitable.

Les corps s'attirent
Tremblent
S'impatientent.

Les cœurs s'affolent
Accélèrent
S'emballent.

Les raisons s'étiolent
S'affaiblissent
Se sclérosent.

Je m'abandonne à l'amnésie de la nuit
Les poussières oniriques se déposent sur mes paupières,
Imposant un brouillard salvateur.

Les lumières de l'aube dissiperont les nuages de songes attachés à mes cheveux,
J'émergerai du tombeau sacré
Y laissant mes peurs et mes craintes
Qui resteront scellés jusqu'au soir.

Je marcherai tête haute et l'âme transparente
Éclairé par la lumière du soleil
Et je profiterai de la vie qui m'est offerte jusqu'au soir venu
Où les sorcières, à la faveur de l'éclat de lune
Libèreront les funestes trésors du tombeau afin qu'ils me hantent à nouveau.

Lorsque tu me parles,
C'est pour déverser au fond de mon âme
Des torrents d'eau vive
Lavant la cendre qui s'y était installée.

Lorsque tu me regardes,
C'est pour me faire sentir exister
Au travers du miroir
De ton iris.

Lorsque tu m'embrasses,
C'est pour m'insuffler le désir qui te brule les lèvres
Afin que moi-même je me consume
Du feu de l'Amour Vrai.

Lorsque tu me touches,
C'est pour me transmettre les frissons de passions
Vagues folles ayant comme destin de s'écraser sur les rochers du sensible.

Mes mots flottent dans l'air poussés par le vent de la raison,
Ils tentent en vain d'atteindre la forteresse de ton esprit,
Sombre château aux murs épais et inviolables.

L'amour se fane
Victime de l'aridité des mots.

Ils sont le sel de la terre
Nourriture du vivant.

Sans eux point de vie
Point de soleil.

Le flocon illumine de son éclat éphémère l'ombre des jours passés.

Il virevolte porté par le poids de nos illusions avant de se poser sur le sol gelé par la froide réalité.

L'air vibre des rayons de ton nom,
Tel un écho transparent doucement susurré aux oreilles du temps.

Le temps égrène les poussières de vie dans le jardin d'étoiles qui composent la matrice de mon âme.

L'écho de tes larmes fait trembler la cathédrale du bonheur.

Le tocsin funèbre se propage à travers la verte vallée de la sérénité,

Sombre présage des longs mois d'hiver sentimentaux.

Les flocons noirs tapissent les chemins qui mènent au lac gelé,

Là même où se baignait le bonheur

Qui se retrouve maintenant prit dans la glace de ta tristesse.

La morsure de l'aube laisse une marque indélébile sur la rosée du matin.

Il pleut des gouttes de silences.
Ils remplissent les lacs de ton absence
Dans lesquels se noient mes rêves
Entrainés par le poids des regrets.

Les chaines du désir nous enlacent,
Camisole divine
Forçant l'étreinte des corps,
Délicate intimité charnelle.

Souffle chaud et respiration saccadée,
Le regard se perd dans l'immensité du plaisir
Qui submerge par vagues successives les corps dociles.

Le jeu est vague.

Colline enragée

S'écrasant avec fracas sur le sable dont sont faits nos châteaux de réalité.

Le jeu est tempête.

Ouragan balayant le phare de nos certitudes

Y laissant à la place des ruines fumantes.

Le jeu est fleuve.

Source de vie nourrissant les dragons

Dont sont faits nos fantasmes.

La page blanche se nourrit des désirs interdits.
Évangiles écrits en lettre de sang
Lu à l'office de minuit,
Pendant que Lucifer se tiendra sur l'autel
Approuvant nos actes et défiant la raison.

Tes yeux sont miroirs,
Reflétant la flamme du désir brulant dans la forêt sombre de nos fantasmes.

Tes lèvres sont velours,
Tissus pourpres parsemés de la rosée de la tentation.

Ta peau est marbre,
Parsemée d'ecchymoses de lune
Constellations reliées par les veines bleutées de la bestialité

L'éclat du joyau présent
Fais trembler le voile opaque de l'oubli sur le passé.
Il illumine l'avenir de ses éclairs
Que l'on voudrait éternels
Mais qui ne seront que flashs
Répétant l'écho de ton nom dans la vallée du vide.

Le silence m'enchaine.
Je crie ton nom du sommet de la montagne
Il se transforme en brume dans la vallée
Qui obscurcit le ciel
Et empêche le soleil de nourrir le jardin de l'espérance.

On ne raisonne plus, on résonne.

Tes yeux invitent au voyage,
Océan onirique
Sur lequel voguent les désirs interdits
Jusqu'au-delà de l'horizon des possibles.

La chaleur du silence se couche sur mes épaules
Et me ceint telle une écharpe qui m'apaise.
Cela me permet de me connecter à mes émotions enfouies,
Qui se révèlent à la faveur d'une douce introspection, rendue possible grâce à l'obscurité des sens.

La nuit, révélateur d'un monde oublié.

Un monde en état de veille, luttant pour sa survie à la lumière du soleil et se nourrissant des rayons de lune pour reprendre des forces.

Ce monde nouveau éclot, et revient à la vie, m'entrainant dans sa réincarnation avec lui.

Étrange sensation de vie à rebours du monde.

Le cocon ainsi créé est propice à toutes les divagations oniriques, excroissance de vie, connexion au monde dans sa forme la plus parfaite.

Sans parasite, directe, vagabondage mental et errance fantasmagorique.

J'écris ton nom avec la buée de mes songes,
Tendre moment au temps suspendu,
Fragments d'éternité à la mémoire perdue.

Au milieu de la nuit des hommes
Tu apparais comme la seule lumière.

Invitation charnelle à des conversations secrètes
Sous le regard des anges
Témoins muets de la construction de l'univers
Au sein duquel nos astres se mettent en orbite.

Le parfum de tes songes
Embaume la froide réalité qui s'impose à nous.
Enivré par ton odeur
Les heures s'endorment et deviennent des jours
Qui accompagnent l'attente du spectre vaporeux de l'amour.

J'hurle ton nom au milieu de la nuit
Et j'observe le cri dessiner une constellation
Au centre de mon univers.

Elle illumine mes nuits et me guide dans l'obscurité
Lorsque je déambule pieds nus,
Sur le chemin de mon passé,
À la recherche de mes secrets perdus.

Le chemin mène vers le précipice.
Il est bordé par les fleurs du désespoir
Qui fleurissent au passage de mon ombre.

Triste printemps,
Où les oiseaux entonnent en silence des chants funèbres.

Triste printemps,
Qui n'arrive pas à abandonner l'Hiver
Dont il doit pourtant s'affranchir pour pouvoir se réaliser.

L'ombre de tes sentiments
Se nourrit de folie
Et grandit dans le creux de tes rêves
Obscurcissant petit à petit l'horizon de la réalité.

Dans le miroir,
Ton reflet se déforme,
Symbiose négative
De l'ombre et de la lumière.

Les démons naissent dans l'obscurité de ta raison.
Nourris de peur
Ils mangent ton sommeil,
Refuge dérisoire,
Et laissent derrière eux l'amertume et la folie
Lorsque l'espoir du matin vient te délivrer.

L'amour est un jeu
Qui ne souffre d'aucunes règles.

Le Je est Amour
Et il souffre d'être faible.

Pour toi je suis pantin,
Marionnette frivole,
Dansant au bout de tes mains,
Désir sans paroles.

Je contemple mon âme au fond de tes yeux,
Elle a le gout de l'interdit,
Et chaque clignement de paupière rajoute une couche de désir.
Ferme tes yeux pour ne pas me tenter
Et observe au travers de tes paupières
Mon corps qui, doucement, s'offre à toi.

Je t'appartiens comme les étoiles appartiennent à la nuit,
Drapé sombre sans lequel leur éclat restera muet.

Nos regards retiennent le temps qui s'efface
Chaque mouvement de paupière m'éloigne de toi,
Et seuls me retiennent les fils d'or tissés de tes doigts
Enchainant mon âme
Et liant mes lèvres.
Silence coupable.

J'écris mes rêves sur des billets de vent
Afin qu'ils parcourent le monde
Et germes,
Là où ils se posent,
Sur la terre fertile de l'optimisme.

Les boucles furieuses de ta crinière envoutante
Retiennent ma raison, l'engourdissent et la pétrifient
Laissant libre cours à la passion,
Raz de marée charnel
Qui,
Dans un mouvement elliptique,
Entre en contact avec ton corps
Brulant de désir,
Puis,
Me rapprochant brusquement,
Je sens contre mon visage
Ton souffle chaud
Et haletant,
Coupable témoin de fantasmes partagés.

Astre divin,
Lumière de mes nuits,
Guide mon sang sur le cahier des songes,
Éphémères hiéroglyphes,
Narrant la tragédie de l'existence
Alternant entre l'éclosion de la rose
Et les larmes de verres.

Ton sourire
Dissipe le brouillard qui obscurcit
L'horizon de mes rêves.

Ton sourire
Fait éclore les fleurs qui,
Dans leurs vies éphémères,
Ont pour mission de guider le chemin qui me mène vers l'absolu.

Ton sourire est clarté,
Là où tout n'est qu'obscurité.

Le rouge de tes lèvres
Creuse un sillon dans la glace
Qu'emprisonne le volcan de mon âme.

La chaleur de l'étreinte
Déverse un torrent de feu
Dans les crevasses muettes,
Cathédrales de marbres
À la gloire d'un dieu mesquin.

La nuée ardente s'abat sur nous,
Et nous recouvre des cendres de nos désirs.

Ton nom est silence,
Sagesse au pays du blasphème
Qui ouvre une porte dans la muraille

Ton nom est lumière,
Joyau éclatant
Qui tissent des fils d'or
A nos chevilles nues.

Ton nom est refuge,
Rempart de marbre contre la fureur de la réalité.

Ton nom est Amour,
Éclat de rose dans le jardin aride de la vie.

L'air vibre au son de nos fantasmes
Dont l'intensité brise les chaines de l'interdit.
Mes lèvres caressent l'horizon de ton cou,
Sous ta crinière qui balaye tes épaules,
Montagnes de douceur encadrant l'ovale parfait de ton visage,
Pendant que mes doigts parcourent l'étroite vallée du plaisir
À la recherche du trésor céleste.

La réalité du monde s'efface devant ta beauté,
Seul subsiste le songe d'une nuit avec toi,
Ivresse onirique,
Qui lève la brume occultant les fantasmes les plus fous,
Et laisse parler les âmes avec la langue des anges.

Le désir dessine la courbe de tes seins
Que mes mains nues tentent de saisir
Dans le reflet de nos amours insensés.

L'éclat de ton nom illumine mes nuits
Et me guide sur le chemin de mes désirs inavoués.

L'éclat de ton nom fait fleurir
Le jardin de mon espérance.

L'éclat de ton nom nourrit les songes de cristal
Éphémères éclairs frappant le lac de mon innocence.

L'ombre de la nuit te traverse
Et l'aube de tes rêves se transforme en crépuscule
Baignant dans les dernières lueurs faméliques des heures perdues.

Les pétales de roses fanées s'envolent,
Portées par la brise des regrets,
Pour se mêler aux nuages qui embrument ton esprit.

Ton odeur m'enchaine à l'arbre de la vie,
Matrice de l'humanité,
Et me fait voyager par-delà les océans des songes
À la rencontre de ton passé.

L'avenir s'écrira avec la cendre de tes erreurs,
Signature indélébile de tes actions futures,
Que tu essayeras de gommer,
En vain,
Afin de pouvoir arpenter le chemin de ton avenir sans encombre.

Il n'existe pas de bleu parfait.
Les nuances s'effacent et se délavent à force de peindre le ciel qui contient nos rêves.

Il n'existe pas de vert parfait.
Touffes d'herbes défraichies par nos siestes amoureuses des après-midis de printemps.

Il n'existe pas d'amour parfait.
Délavé au rythme des saisons,
Il garde les stigmates du temps,
Comme les traces indélébiles de notre amour désavoué.

L'innocence est morte,
Crucifiée sur la croix de la passion.
Alors que son sacrifice réveille le désir endormi,
Son agonie abreuve le silence de mon amour.

Paupières closes,
J'observe mon ombre dans le miroir de tes songes.
Triste reflet de mon avenir obscurci par la nuit du cœur.
Point de faille pour y faire entrer les rayons de la vie.

Je ne peux regarder au-delà des nuages
Sans y voir ton visage
Je ne peux écouter les vagues roulant sur le rivage
Sans y entendre ton prénom.

Dans la cathédrale de nos sentiments
Les papillons chantent pour toi,
Ils accompagnent les cloches de cristaux
Qui entonnent le tocsin
Pour prévenir le paradis de notre amour perdu.

Le poids du silence écrase mes mots.
Il les réduit en de la poussière de rêve
Que l'on chasse de nos épaules d'un mouvement de main.
Elle s'envole et virevolte,
Éclat de diamants,
Illuminant la pièce au travers des rayons du matin.

Nous danserons sous cette pluie de lumières,
Enlacés comme des enfants,
Enlacés comme des amants,
Nos corps chauds,
Reflet de soleils brulants,
Figés dans l'instant,
Suspendu au regard incandescent du désir latent.

Notre avenir s'enlise dans nos promesses,
Fables éphémères,
Gravé sur des flocons qui tourbillonnent au gré des vents,
Murmurant aux oreilles du temps
Que le passé est délavé
Et le futur caméléon.

Certains jours sont Hiver dans ton cœur, envahi par la froide brume qui engourdit le corps et fait tomber la nuit sur l'esprit.

Le corbeau sur ton épaule entonne le chant qui fait frissonner ta peau nue et blanche et enveloppe ton cœur de glace, prison de verre, carcan de tes émotions que seul le feu sacré pourra délivrer.

Il t'enveloppera pour immoler le froid, faire advenir le printemps en ton âme et fleurir la sérénité au sein du jardin fertile de ton corps.

La langue est Feu.
Elle enflamme la paille de nos ressentiments,
Enfermant la relation dans l'incendie
Et asphyxiant,
De ses épaisses fumées,
L'amour qui agonise lentement
Au milieu de la forêt sacrifiée,
D'où s'envolent des chapelets d'étincelles,
Papillons maléfiques,
Formant de funèbres constellations,
Météores prêts à embraser l'horizon de nos vies.

Le blizzard de la passion engourdit ma raison
Et m'emmène vers des chemins enneigés
Où je ne distingue
Ni présent,
Ni passé,
Moments oniriques en dehors du temps,
Enveloppé du même brouillard cotonneux
Qui habite mon corps et assourdit la musique de ma réalité.

L'écho pastel du temps résonne à mes oreilles
Et embaume de son parfum
Le verger fertile de la connaissance.
Baignés de la chaude lumière de l'expérience,
Il fleurit,
Ciel multicolore,
Où l'on vient cueillir les fruits sucrés,
Nourriture de nos songes futurs.

Les mots sont pierres.

Ils coulent dans l'océan de nos vies et disparaissent sous la surface des sentiments,

Laissant ces derniers à la dérive, portés par les vents de l'incompréhension.

L'éclair de lucidité frappe ma conscience
Et j'aperçois,
Dans le grondement assourdissant qui l'accompagne,
La réalité contrastée de l'existence,
Qui,
Dans sa douceur pastel,
Me rappelle à son souvenir,
Et m'invite,
À me reconnecter avec elle,
Afin de prolonger
Le repas partagé à la table des anges.

Ton amour résonne en moi comme le souvenir amer de quelque chose qui n'existe pas.

Le grondement de ton absence déchire le voile des illusions,
Et fais apparaitre la vérité nue et glaciale,
Gravée dans le marbre noir dont est faite la statue de mes sentiments.

Elle me surplombe et me toise,
Majestueuse,
M'écrasant de son regard de feu,
Et jugeant avec sévérité la courbe de mon existence.

Ses yeux auréolés de songes
M'invitent à naviguer parmi les constellations immobiles,
Témoins lumineux de la toute-puissance du désir interdit
Qui enveloppe ma vie de sa robe écarlate.

Tes baisers sont comme des nuages de braises
Qui illuminent le ciel les soirs d'hiver,
Lorsque,
Recouverts par la neige,
Les sentiments s'engourdissent et les corps se figent,
Statues immobiles au milieu de la place de l'amour.

Le murmure du vent porte à mes oreilles l'écho de ton songe lointain.

Il a le gout salé d'une brise de mer et l'odeur cotonneuse de la neige fraiche.

Je réponds dans un soupir qui se transforme en tempête au milieu de l'océan des désirs

Submergeant de vagues furieuses l'arc-en-ciel de ma tranquillité,

Dernières lueurs de lucidité avant la nuit tourmentée de l'avenir.

J'arpente les allées du cimetière de nos regrets
À la recherche des tombes fleuries de nos songes passés,

Ceux mort-nés,
Asphyxiés par l'air vicié de nos vies

Ceux assassinés par la réalité froide et crue

Ceux morts d'inanition, desséchés d'avoir trop attendu de se réaliser.

Mes yeux embrassent l'étendue des saisons passées.

Les cendres des expériences passées forment un brouillard obscurcissant la route de mon avenir.
Les rayons de sérénité ne touchent pas terre,
Et c'est le son de mes rêves qui dirige mes pas.

Au loin l'orage gronde,
Et j'aperçois la foudre qui déracine les certitudes établies et qui,
En même temps,
Éclaire un court instant la réalité de ma vie,
Photographie éphémère de l'âme brisée.

Mes songes deviennent refuge,
Ilots de quiétude au centre de l'océan de lave,
Accalmie bienvenue avant d'affronter les torrents de réalité
Qui s'abattront sur ma peau nue,
Toile vierge où se dessinera le tableau de mon avenir.

Les étoiles de nos sentiments forment des constellations,
Toiles luminescentes guidant nos pas vers la prospère vallée des nuits de doutes.

J'écris ton nom dans le sable du désert de la vie.
Les larmes sucrées du désir tombent dans le sillon creusé par mes doigts
Et font fleurir les oasis de miel
Liant de fil d'or nos destinés.

L'ombre transparente du temps
Illumine mes insomnies
Et les transforment en pièces de théâtre,
Terrain de jeux de fantômes évanescents
Disparaissant dans un éclair poudré
À la faveur d'un éclat de paupière.

La nuit m'enveloppe
Et murmure à mon oreille
La maladie des âmes perdues,
Qui arpentent la voûte céleste
Une fois les derniers rayons d'espoir disparus
Derrière l'horizon des possibles.

Elles errent le regard perdu
Dans le silence infini du présent chaviré
À la recherche du frisson de songe,
Espoir inavoué d'un lendemain lumineux
Qui s'éloigne à chacun de leurs pas.

L'odeur de ta peau emprisonne la chaleur de mon amour
Et déclenche l'incendie des corps,
Qui illuminent de ses flammes majestueuses
La nuit étoilée de notre avenir.

Nos corps s'embrassent et se consument,
Bûcher vivant,
Sacrifices aux désirs des Dieux,
Avant de se transformer en cendres,
Poussières de vie,
Derniers vestiges de notre amour.

Le temps s'arrête à l'aube de ton silence
Et la nuit se fige
Remplissant d'étoiles les champs de blé.
Moissons de constellations
Dont sera fait le pain de demain.

L'éclat de ton silence aveugle mes paroles écarquillées
Projetées dans le tourbillon qui traverse l'horizon de ta sérénité perdue.

Ta parole est d'Or,
Elle éclaire le ciel orageux
Et inonde le temps de sa pluie acide
Qui ronge les murmures de la vie.

Ta parole est d'Or ;
Ses rayons dressent la route
Menant aux nuages innocents
Témoins de nos rêves secrets.

Ta parole est d'Or,
Elle fait fleurir le vent de la liberté
Qui assèche la raison
Et avive les braises du désir.

Ta parole est Vie.

Ton désir frappe le silence de ma raison
Et libère les vagues écarlates
Qui s'en vont submerger l'horizon du vide
Et transforment la rêverie vaporeuse en statue ardente.

Le rouge de tes lèvres peint la fresque de notre amour,
Toile immobile tendue entre Terre et ciel,
Horizon délicat perdu entre imaginaires et réel,
Esquisse à la cendre de nos folies oniriques
Qui prennent vie à la lumière du sang versé.

Tendre moment que l'aube imprimée sur la toile de la vie,
Lecture pastel de la réalité naissante
Où se mêle la rosée étincelante
Et le parfum délicat des ombres vivantes.

Je parcours inlassablement la courbe de ton cœur à la recherche de la sérénité perdue.

Artéfact égaré aux confins du sensible bordé par les mers du destin.

La chaleur du silence qui se couche sur mes épaules me ceint,

Telle une écharpe qui m'apaise et me permet de retrouver mes émotions perdues.

L'air souffre de son absence et vibre de douleurs lors de son évocation muette.

Tes paroles raturent mon cœur
Et font glisser sur lui le poison délicat des lunes passées.
Je danse dans les flammes
Et tu contemples le péril du présent sacrifié,
Harmonie cruelle des âmes suppliciées,
Qui foulent la poussière dans un frisson écorché.

Les langues blessées écorchent l'homme
Et le crucifient sur la croix chancelante.
La résurrection se fait attendre,
Elle est suspendue au silence de la voix orpheline
Qui,
Ivre de ses insondables désirs,
Naviguent sur l'océan de son indécision.

Je ferme les yeux pour cueillir l'écume des songes du jour nouveau
Que seul le feu sur la montagne pourra illuminer.

Je scande les syllabes de l'amour dans la vallée du plaisir et l'écho me révèle ton nom,
Miel à mes oreilles,
Soleil pour mes sens,
Éclair fugace qui illumine la rosée du matin
Et fait fleurir les roses sucrées de la déraison.

Tu es l'empreinte sur l'absolu
Qui guide mon âme égarée vers les vagues de joie.
Le brouillard salé de ta peau,
Que porte à ma bouche la morsure de la chair,
Provoque en moi des oscillations de désirs
Que finit par fixer ton regard insensé,
Pendant que ton reflet dépouille la nuit de ses étoiles.

Le désir brûle ma mémoire,
Et seul le silence apaise les flammes consumant l'éternité de ton ombre
Qui vagabonde entre les rives du temps suspendu.

Le soleil se couche sur la lisière d'or de l'horizon de ton absence
Et l'obscurité s'abat sur le souffle du désir
Que seule l'étreinte du souvenir peut réchauffer.

Les heures du soir font trembler le silence et advenir le spectre du songe déchu
Qui livre la marque indélébile du baiser de l'oubli.

J'évoque le mystère dans le brouillard des constellations
Et elles versent sur mon front la beauté des lendemains chimériques.

J'attends à genoux les réponses qui guériront
L'impossible palpitation des couleurs de nos vies.

Mais l'univers ne se justifiera pas,
Ignorant les volontés qui composent le monde
Et conjuguent les intersections qui additionnent nos chemins de vie.

Ce jour-là,
Les murmures de nos gestes
Apparurent comme Lumière dont les rayons ont fait vaciller le marbre de nos illusions.

Il arrive que l'ivresse de l'aube force la porte du silence
Et tends ses paumes
Afin de saisir pleinement l'évidence du destin.

Ce moment dévoile l'horizon caché par mon souffle
Et dissipe le brouillard énoncé par une mémoire douloureuse
Telle une boussole tombée sur l'échiquier du monde.

Tu es une fable qui danse sous le soleil fou,
Te faufilant entre les silences de ton ombre.

Tu laisses flétrir l'empreinte des chemins brisés
Sans jamais t'enfermer dans la cadence des formes précises.

L'air est rempli de ta victoire,
Elle donne à tes cheveux l'odeur de l'astre naissant
Et à tes pieds l'ivresse de la plume.

Le tableau ainsi peint vole l'innocence du monde
Et dépose,
Sur les yeux impatients,
Les délicates couleurs de l'alphabet des songes.

Ta voix interroge les promesses suspendues de l'aurore
Et forme des vœux en guise d'adieux
Aux cauchemars qui te dévorent.

La nostalgie de l'été est lovée dans le frêle paysage épuisé
Qui sert de poèmes aux souvenirs dérobés.

Ivre de la joie docile,
Qui illumine sans éclat l'enfance des ombres solitaires,
Tu respires les flammes de la raison
Qui érigent,
En forme de menace,
Les murs déchirés de ta prison.

Le temps est un refuge où le monde épuisé
Peint en noir les heures écoulées
Qui bordent les frontières de ton discernement.

Je veux t'oublier chaque nuit
Pour que chaque matin
L'aube réinvente
Les pétales de ton sourire
Et le chant de ton visage
Afin que je vienne cueillir l'amour au son de ta beauté.

Nous dansons devant le miroir des sentiments,
Et, ivre du souffle de l'éternité,
Je me noie dans l'océan de ton regard
À la recherche des secrets interdits.

Tes lèvres sont les architectes du temple de ta beauté muette,
Havre de paix au milieu de l'orage du monde.

L'incertitude illumine l'avenir de sa lumière crue
Et fait taire l'ombre des illusions,
Tristes naufragés involontaires
De l'océan du temps.

Le chemin est épuisé.
Il heurte de plein fouet
L'obsolescence des sentiments.
Le reflet de l'infini tremble devant l'aridité du destin inaccompli
Des âmes confinées.
Le vent s'engouffre dans le silence des verbes
Et fait s'envoler les paroles,
Grains de sable dans le sablier des émotions.

Tu es l'espace au sein duquel mon mode évolue
En forme de lutte
Entre le désir utile et le sommeil des merveilles.

L'ombre des sourires renverse le miroir des plaisirs
Et distrait,
Le soir,
Les paupières qui s'endorment
Insensibles à l'odeur de ta chevelure
Qui s'affole,
Et qui tonne,
Le bonheur d'une nouvelle aventure.

La seule évocation de ton nom
Dissipe les illusions
Du fils de l'homme
Et bâillonne,
De sa main,
Les lèvres sucrées de la nostalgie.

Lové dans la lumière de l'éveil
Tes gestes illuminent
Les courbes délicates du désir interdit.

Le parfum de tes lèvres absentes
Inonde le ciel étoilé
Et dessine les constellations
Qui se reflètent sur ton corps.
Lorsque le torrent du plaisir se répand dans tes veines ardentes.

Lové dans la lumière de l'extase
Ta peau brûle sous le soleil du vertige
Qui borde l'horizon des songes.

Les flammes brûlent les mystères du passé et éclairent
De leurs crépitements impudiques
La conscience inachevée de notre destin.